Seelengeflüster - vom Kopf rein ins Herz

Amy Amalia

Seelengeflüster - vom Kopf rein ins Herz

Gedichte

von Amy Amalia

Amy Amalia

c/o Postflex #3616

Emsdettener Str. 10

48268 Greven

1. Auflage, 2023

© Alle Rechte vorbehalten.

Amy Amalia

c/o Postflex #3616

Emsdettener Str. 10

48268 Greven

Herstellung und Verlag:

BoD – Books on Demand,
Norderstedt
ISBN: 9783757852634

Für Andrea

Danke, liebe Andrea, dass du während des Schreibprozesses der Gedichte immer hinter mir standest. Mich motiviert hast weiter zu schreiben, aber vor allem danke ich dir für die Unterstützung in den schweren Zeiten, in denen diese Gedichte entstanden sind.

Für alle Kämpfer*innen da draußen:

Bitte hört niemals auf zu kämpfen, ihr seid stark, toll und wunderbar und verliert nie euren Wert. Man lebt ja bekanntlich auch nur einmal auf dieser Welt, welche so viele schöne Orte zu bieten hat.

Es gibt immer einen Ausweg und das Kämpfen zahlt sich aus.

Versprochen

NARBEN

Narben, Narben die nach außen hin verblassen.

Aber in meinem Kopf immer noch ein Kopfkino hinter-
lassen.

Narben, die für alle farblos erscheinen,
aber für mich in den buntesten Farben scheinen.
Nicht alle sichtbar,
doch für mich fühlbar.
Doch trotzdem fühle ich mich leer,
denn sie wiegen auf meinem Herzen so schwer.

Doch dann sehe ich andere Kämpfer, mit mehr Narben
auf der Haut.
Und sehe, wie alle nur noch nach denen schaun.
Fühl mich klein und grau, mit den buntesten Farben unter
meiner Haut.

Will mein Herz entlasten, und die Narben einsperren in
einen Kasten.
Doch das geht nicht so leicht, denn die Narben sind
immer noch mein.
Was bringt es, sie zu verstecken,

dann würde ich mich nach ein paar Jahren vor mir selbst
erschrecken.
Was ich nicht sehe ist,
dass du es bist.
Du, der meine Farben leuchten siehst.
Sehe nur die Anderen, die mehr Kämpfe als ich erlebten.
Sehe, wie ihre Narben leuchten, leuchten wie funkelnde
Sterne.
Wie ein Hoffnungsschimmer in der Ferne.
Doch für sie sind ihre Narben grau,
sehen zu anderen mit mehr Narben hinauf.

Ein einziger Kreislauf aus bunten Narben,
die für alle farblos waren.
Bis du kamst und mir zeigtest wie ich leuchte,
und die Anerkennung von anderen verscheuchte.
Denn das was zählt, sind unsere Narben,
Narben die für meine Lieben leuchten in den buntesten
Farben.

MAUER

Wenn die Gedanken fließen anstatt zu fliegen,
werden oft die negativen siegen.
Sie ziehen dich in den Bann,
lassen dich vergessen wie und wann.
Sind wie eine Spirale in deinem Kopf,
so rund und groß wie ein Topf.
Du willst sie rausschreien, aber keiner hört zu,
du wirst immer stiller und bleibst nur noch du.

Gefangen in einem Körper, den du nicht willst,
da du die Gedanken mit Essen stillst.
Sie sollen aufhören, denn in wichtigen Situationen fangen
sie nur an zu stören.

Ich will allein sein um Keinem zu erklären, wer ich bin,
doch allein kann ich nicht sein.

Will rennen, doch die Kraft fehlt,
der Alltag, der dir die Zeit stiehlt.
Will schreien, doch darf es nicht, da es in der Kehle sticht.
Will berühren, doch wen?
Werd nur auf der Stelle stehn.
Will träumen, doch wohin?
An einen schönen Ort entfliehen.

Ich will allein sein um Keinem zu erklären, wer ich bin,
doch allein kann ich nicht sein.

Raus gehen und Menschen vertrauen,
obwohl sie schief schauen?
Oder doch lieber nicht vertrauen,
es könnte ja jemand hinter meine Mauer schauen.

Eine Mauer, die damals mit Lego gebaut,
da konnte noch jemand drüber schauen.
Vorne ordentlich, dahinter versaut,
immer noch höher bauen.

Aus Lego wurden Steine,
aus Lachen wurde Weinen.
Nicht kaputtbar,
nur für mich kostbar.

Doch deine Stiefel traten sie ein,
dabei stürzte meine kleine Welt ein.
Sammelte den Staub auf,
trug eimerweise runter und auch rauf.

Aus Stein wurde Beton,
aus einem Mädchen nur eine Person.
All die Träume in Betonkästen,
nicht zerschlagbar mit Worten oder Gesten.

Im Dunklen sitz ich in einem Raum,
in dem die Sonne nicht mehr scheint.
Durch die Mauer aus Beton kein Mädchentraum.
Sehe nur mich oder ist es doch mein innerer Feind.

ANGST

Wenn sich der Magen dreht,
du nicht mehr mitbekommst, dass der Wind weht.
Wenn deine Brust sich zusammenzieht,
dein Herz zu fliehen beginnt.
Wenn der Mund trocken wird,
und dein Verstand durch die Gegend irrt.

Dann beginnt die Angst,
egal was du machst oder kannst.

Wenn dir Schwarz vor Augen wird,
du deinen Verstand verlierst.
Wenn die Dämonen ihre Ecken verlassen,
und du dich beginnst zu hassen.
Wenn die lieben Worte nicht mehr reichen,
ist es wohl ein Zeichen.

Dann beginnt die Angst,
egal was du machst oder kannst.

Wenn das Leben an einem Faden hängt,
weil deine Angst dich zu sehr einengt.
Wenn der Feind in deinem Kopf dich kontrolliert,
ist dein Leben mehr als kompliziert.

Wenn deine Stimme bricht,
und durch die Tränen verschwimmt die Sicht.

Dann beginnt die Angst,
egal was du machst oder kannst.

KLEINER

RAUM

In meinem kleinen Raum,
ist Platz für einen Traum.
Einen Traum vom Klein sein ist doch klar,
damals war es doch so wunderbar.

Suche nach Geborgenheit,
raus aus der Einsamkeit.
Rein in starke Arme,
von der Kälte rein ins Warme.

In meinem kleinen Raum,
ist Platz für einen Traum.
Einen Traum von Wolken unter mir,
mit jemand Starkem neben mir.

Suche nach Geborgenheit,
raus aus der Einsamkeit.
Rein in starke Arme,
von der Kälte rein ins Warme.

In meinem kleinen Raum,
ist Platz für einen Traum.

Einem Traum mit einem Nilpferd,
das den ganzen Schmerz ein bisschen lindert.
Suche nach Geborgenheit,
raus aus der Einsamkeit.
Rein in starke Arme,
von der Kälte rein ins Warme.

In meinem kleinen Raum,
ist Platz für einen Traum.
Einen Traum mit viel Beruhigung,
und vielleicht einer zarten Berührung.

Suche nach Geborgenheit,
raus aus der Einsamkeit.
Rein in starke Arme,
von der Kälte rein ins Warme.

In meinem kleinen Raum,
ist Platz für einen Traum.
Einen Traum mit viel Freude und Sonnenschein,
lasse Licht in meine Dunkelheit hinein.

Suche nach Geborgenheit,
raus aus der Einsamkeit.
Rein in starke Arme,
von der Kälte rein ins Warme.

In meinem kleinen Raum,
ist Platz für einen Traum.

Einen Traum mit bunten Farben,
in dem nicht so viele starben.
Suche nach Geborgenheit,
raus aus der Einsamkeit.
Rein in starke Arme,
von der Kälte rein ins Warme.

In meinem kleinen Raum,
ist Platz für einen Traum.
Einen Traum mit ganz viel Sicherheit,
in dem die Kleinen immer sicher sind.

Suche nach Geborgenheit,
raus aus der Einsamkeit.
Rein in starke Arme,
von der Kälte rein ins Warme.

In meinem kleinen Raum,
ist Platz für einen Traum.
Einen Traum mit zarten Stimmen,
um in Melodien zu schwimmen.

Suche nach Geborgenheit,
raus aus der Einsamkeit.
Rein in starke Arme,
von der Kälte rein ins Warme.

In meinem kleinen Raum,
ist Platz für einen Traum.

Ein Traum ohne Sorgen,
in dem man sich sicher fühlt und geborgen.
Suche nach Geborgenheit,
raus aus der Einsamkeit.
Rein in starke Arme,
von der Kälte rein ins Warme.

In meinem kleinen Raum,
ist Platz für einen Traum.
Ein Traum von Harmonie,
mit ganz viel positiver Energie.

Finde nun Geborgenheit,
in meinem kleinen Raum.
Immer in meinem Traum,
mit unendlicher Entschlossenheit.

SCHMERZ

Anspannung zieht meine Muskeln zusammen,
mein Körper steht dadurch in Flammen.
Keiner glaubt mir,
sie sagen, das geht doch nicht in deinem Alter.
Krümme mich vor Schmerzen hier,
sie verschwinden auch nicht durch einen Schalter.

Will schreien vor Schmerz,
glaub mir, das ist kein Scherz.
Will doch nur entspannt sein,
doch die Entspannung kommt nicht rein.

Krümme mich,
stehe wieder auf.
Nur für dich,
raffe ich mich auf.
Obwohl ich innerlich brenne,
und vor den Flammen wegrenne.
Will doch nur schmerzfrei sein,
doch das geht nicht allein.

Will schreien vor Schmerz,
glaub mir, das ist kein Scherz.
Will doch nur entspannt sein,
doch die Entspannung kommt nicht rein.

Ein lautes Knack,
im nächsten Moment denke ich Fuck.
Doch für einen kurzen Moment schmerzfrei,
doch dann höre ich ein Tatütata nebenbei.
Und schon sind die Schmerzen wieder da,
weine vor Schmerz nach meinem Papa.

Will schreien vor Schmerz,
glaub mir, das ist kein Scherz.
Will doch nur entspannt sein,
doch die Entspannung kommt nicht rein.

Es ist nicht leicht 100% zu geben,
mit diesen Schmerzen zu leben.
Doch ich gebe die Hoffnung nicht auf,
nehme jeden Stein auf meinem Weg in Kauf.
Irgendwann werde ich schmerzfrei leben,
und dafür werde ich alles geben.

Versprochen.

MEIN  KLEINES ICH

Biene Maja und Jim Knopf,
waren damals die einzigen Sorgen in meinem Kopf.
Ich sehne mich nach der Unbeschwertheit,
leider ist das lange Vergangenheit.

Mein kleines Ich sehnt sich nach dir,
will kuscheln aber nur mit dir.
Doch deine Augen schauen ins Leere,
auch wenn ich mich gegen die Wahrheit wehre.

Kleine Finger greifen nach den Sternen,
doch dass ich nicht dran komme, musste ich lernen.
Kulleraugen flehen nach Unbeschwertheit,
doch leider ist Streit die Gegenwart und nicht die
Vergangenheit.

Mein kleines Ich sehnt sich nach dir,
will kuscheln aber nur mit dir.
Doch deine Augen schauen ins Leere,
auch wenn ich mich gegen die Wahrheit wehre.

Hab mich gefühlt wie in einem Käfig,
sehe durch die Gitterstäbe die fröhlichen Kinder.
Dabei wurde mir versprochen, wir lieben dich für
immer und ewig.
Während die grausammen Kinder auf mich zeigten mit
ihren Fingern.

Mein kleines Ich sehnt sich nach dir,
will kuscheln nur mit dir.
Doch deine Augen schauen ins Leere,
auch wenn ich mich gegen die Wahrheit wehre.

Kleine Füße versuchen zu fliehen,
fliehen vor dem Schmerz von den bösen Menschen.
Doch mit gebrochenen Flügeln kann man nicht fliegen,
und mit gestopftem Mund nicht sprechen.

Mein kleines Ich sehnt sich nach dir,
will kuscheln nur mit dir.
Doch deine Augen schauen ins Leere,
auch wenn ich mich gegen die Wahrheit wehre.

Dort, wo man sicher sein sollte,
haben sie mir Worte gesagt, die ich nicht hören wollte.
Du hast doch eh keine Mutter mehr,
das ist doch nicht fair.
Mama schläft doch nur,
dabei schaue ich auf die Uhr.

Wach auf, schreie ich,
doch sie hört mich nicht.

Mein kleines Ich sehnt sich nach dir,
will kuscheln nur mit dir.
Doch deine Augen schauen ins Leere,
auch wenn ich mich gegen die Wahrheit wehre.

Die Kalender wechselten jedes Jahr die Farbe,
und der Schmerz wurde nur stärker unter der Narbe.
Aus Sternchen wurde große Trauer,
aus Sternen wurden Steine.
Mit müden Augen betrachte ich die Mauer,
verkrieche mich, damit keiner sieht, dass ich weine.

Mein kleines Ich sehnt sich nach dir,
will kuscheln aber nur mit dir.
Doch deine Augen schauen ins Leere,
auch wenn ich mich gegen die Wahrheit wehre.

RÜCKSCHLAG

Wenn der Wind durch die Bäume fegt,
du deinen steinigen Weg hinter dir legst.
Nach vorne schaust,
in deinen Träumen dir ein Schloss baust.
Und versuchst, dich nicht umzudrehen,
weil du weißt, sonst bleibst du stehen.

Rückschlag in eine Welt,
in der all das Vergangene zerfällt.
Zerfällt zu Asche und Staub,
und du nur noch nach unten schaust.

Wenn der Wind durch die Bäume fegt,
Asche an deiner Kleidung klebt.
Weißt du, dass du die Vergangenheit nicht los wirst,
und wenn du denkst, sie verfolgt dich nicht, sage ich
dir, dass du dich irrst.

Rückschlag wird zu Rückfall,
und du fällst wieder in ein Loch.
Die Dämonen kehren zurück,
und du sagst dir nur einmal noch.
Einmal noch schlafen am Stück.
Rückschlag wird zu Rückfall.

Wenn der Wind durch die Bäume fegt,
du die Blumen nicht beachtest auf dem Weg, den du
zurücklegst.
Wenn du nur noch die Schatten siehst,
dir die Tränen in die Augen schießt.
Und du dich nicht mehr umdrehst beim Überqueren
der Straße,
auch wenn ein Auto auf dich zurast aus der
Seitenstraße.

STIMMEN

Wenn andere Menschen Stimmen hören,
und dich in deiner Ruhe stören.
denk daran,
wie alles begann.

Stimmen sind nicht da,
sagst du nein, sagen sie ja.
Nimmst es so hin,
Wegetierst du vor dich hin.

Es begann mit einem Schrei,
gestillt mit einem leckeren Brei.
Dann wurde dieser Mensch verletzt,
und die erste Stimme im Kopf war besetzt.

Stimmen sind nicht da,
sagst du nein, sagen sie ja.
Nimmst du es so hin,
Wegetierst du vor dich hin.

Sie will sie nicht hören,
doch die Stimme fängt an zu stören.
Sie fragt sich, ob sie damit alleine ist,
und du dich fragst, ob die nächste Stimme deine ist.

Stimmen sind nicht da,
sagst du nein, sagen sie ja.
Nimmst es so hin,
Wegetierst du vor dich hin.

Noch ein Stich ins Herz,
bedeutet für sie unendlichen Schmerz.
Verfolgt von vielen Gesichtern,
die strahlen wie die hellsten Lichter.
Die nächste Stimme da und sie denkt sich, jetzt ist es
auch egal,
oder ist es überhaupt noch real?

Stimmen sind nicht da,
sagst du nein, sagen sie ja.
Nimmst du es so hin,
Wegetierst du vor dich hin.

Sie sucht sich Hilfe doch Keiner hört sie,
denn die Stimmen bestimmen über sie.
Sagen nein, wir sind nicht krank,
die anderen sind nicht auf dem neusten Stand.
Denn eigentlich hat jeder zwei Gesichter,
doch sie verstecken es geschickter.

Stimmen sind nicht da,
sagst du nein, sagen sie ja.
Nimmst du es so hin,
Wegetierst du vor dich hin.

Träumen ist schon nicht mehr möglich,
denn die Stimmen enden tödlich.
Schreck, du wachst nun auf,
schreist um dich und nimmst es in Kauf.
In Kauf, das Andere dich sehen,
wie viele um dich herum stehen.

Stimmen sind nicht da,
sagst du nein, sagen sie ja.
Nimmst du es so hin,
W0egetierst du vor dich hin.

VERLIERER

Ich kann es keinem recht machen,
Und das macht mit mir komische Sachen.

Gewonnen und verloren,
im Spiel oder doch vielleicht im Leben.
Bei jedem Mal immer mehr eingefroren,
eine Stimme kann ein Fluch sein oder ein Segen.

Gewonnen und verloren,
dir vertraut, dabei hast du nur gelogen.
Bei dir war ich zu Hause,
doch durch deinen Verrat bleibt es bei einer Pause.

Ich kann es keinem recht machen,
und das macht mit mir komische Sachen.

Zeit investiert in nutzlose Dinge,
um zu verhindern, dass ich springe.
Geld hart erarbeitet,
um es zu verschwenden zum Verarbeiten.

Zeit vergeht so schnell, wenn man sie nicht hat,
Geld am Ende des Monats zählen und streiche es mit
meinem Finger glatt.

Ich kann es keinem recht machen,
und das macht mit mir komische Sachen.

Gefühle zu Fühlen doch nicht zu Spüren,
Gefühle zu Spüren aber nicht zu Zeigen.
Gedanken kreisen um immer die gleichen Dinge,
kann es keinem erklären, dass ich überlegt habe zu
springen.

Gefühle gehen hoch und runter,
sind grau doch auch mal bunter.
Gedanken kommen und Gedanken gehen,
doch manchmal bleibe ich auch einfach stehen.

Ich kann es keinem recht machen,
und das macht mit mir komische Sachen.

Fragen, auf die ich einfach keine Antwort habe,
auch wenn ich auf meinem Weg viel frage.
Last auf meinen Schultern wird immer größer,
und die Menschen in meinem Umfeld immer böser.

Frage mich, was habe ich falsch gemacht,
habe ich vielleicht zu oft gelacht.
Lasten ziehen meinen Körper herunter,
blockieren mich, obwohl ich dachte, meine Welt wäre
bunter.

Ich kann es keinem recht machen,
und das macht mit mir komische Sachen.

ZWEI  GESICHTER

Du schaust aus dem Türspalt,
horchst, ob es still ist oder knallt.
Ob Tränen fließen,
oder Stühle fliegen.
Ob er schreit,
oder innerlich leidet.

Zwei Gesichter, die so unterschiedlich sind,
manchmal ist er lieb zu seinem Kind.
Aber oft bricht er meine zarte Seele,
weil sein Kopf voll ist mit so vielen Problemen.

Horche hinein, ob es der richtige Zeitpunkt ist,
oder ob es mich innerlich auffrisst.
Sage ein Wort,
höre meinen Herzschlag vor Aufregung.
Frage mich, ob es bei ihm ankommt dort,
meine Gefühle der Ablehnung.

Zwei Gesichter, die so unterschiedlich sind,
manchmal ist er lieb zu seinem Kind.
Aber oft bricht er meine zarte Seele,
weil sein Kopf voll ist mit so vielen Problemen.

Will fliehen vor den Gesichtern,
doch mir kann keiner Schutz versichern.
Will mich verstecken,
unter hundert Kuscheldecken.
Will nichts mehr hören,
oder gar stören.

Zwei Gesichter, die so unterschiedlich sind,
manchmal ist er lieb zu seinem Kind.
Aber oft bricht er meine zarte Seele,
weil sein Kopf voll ist mit so vielen Problemen.

Doch dann ist er liebevoll,
auch manchmal verständnisvoll.
Dann keimt die Hoffnung auf,
ein normales Leben führen zu können,
Würde so gerne sagen, ich nehme alles in Kauf,
ein bisschen Frieden gönnen.

Zwei Gesichter, die so unterschiedlich sind,
manchmal ist er lieb zu seinem Kind.
Aber oft bricht er meine zarte Seele,
weil sein Kopf voll ist mit so vielen Problemen.

Schwarz und weiß,
kalt und heiß.
Zwei Gesichter schauen dich an,
denn schlechte Gefühle melden sich nicht an.
Doch ich gebe die Hoffnung nicht auf,
nehme dafür alles in Kauf.

Zwei Gesichter, die so unterschiedlich sind,
manchmal ist er lieb zu seinem Kind.
Aber oft bricht er meine zarte Seele,
weil sein Kopf voll ist mit so vielen Problemen.

LIEBE

Liebe, Liebe ist ein Wort, welches viele missverstehen,
die meisten sehen sie erst, wenn sie ihre Kinder sehen.
Doch Liebe beginnt viel eher,
sie beginnt mit einem Lächeln von einer Person.
Mit lieben Worten, egal in welcher Version.
Aber auch ein Kuss kann Liebe zeigen,
manchmal ist es auch ein langes Schweigen.
All das kann Liebe sein,
unvorstellbar, aber trotzdem rein.

Liebe ist, wenn das Herz ins Stolpern gerät,
wenn Worte einem schmeicheln oder verletzen.
Wenn man dem Menschen in die Augen schaut,
und sich innerlich eine Zukunft baut.

Liebe ist für jeden da,
keine Grenzen zwischen fern und nah.

Aber auch die ohne Geld,
sind für uns meist die Welt.
Die ohne Hemd,
sind uns nicht fremd.
Denn Pfötchen begleiten uns sehr oft,
und das mit Liebe ganz unverhofft.

Auch hier ist Liebe für jeden da,
keine Grenzen zwischen fern und nah.

Ob Regenbogen oder doch ganz klassisch,
ob spontan oder doch taktisch.
Liebe lässt sich nicht planen,
egal wie viele dich auch warnen.
Liebe tut auch weh,
denn manchmal ist gehen der einzige Weg.

Doch trotzdem ist es für die meisten der Sinn des Lebens,
die Liebe ihres Lebens zu finden.
Liebe ist ein Geben und ein Nehmen,
und nicht nur nehmen und nicht geben.

Liebe ist für jeden da,
keine Grenzen zwischen fern und nah.

SEELEN

PARTNER

Die Dunkelheit hat von mir Besitz genommen,
doch dann habe ich deine Liebe bekommen.
Eine Liebe die ich vorher nie gespürt habe,
unter all den tiefen Narben.

Der erste Kuss mit dir hat nicht nur meine Lippen berührt,
habe mich nicht mehr von der Stelle gerührt.
Wollte meine Lippen nicht von deinen lösen,
in mir war nur Licht, nichts von all dem Bösen.
Die Brandmale an meinem Körper hast du
weggepustet,
als ob du es wusstest.

Wenn das Herz ins Stolpern gerät,
ist es vielleicht schon zu spät.
Wollte dich als Lebenspartner,
bekam dich nur als Seelenpartner.

Um Mitternacht kam eine Nachricht von dir durch mein
Fenster,
für mich warst du mein Romeo, kein Gangster.
Habe das Leid von dir nicht gesehen,
hab mit meiner rosaroten Brille vorbeigesehen.

Auf jeder Stufe gabst du mir einen Kuss,
hab gewünscht es gäbe keinen Schluss.
Nahmst mich in deine Arme,
spürte deine festen Oberarme.
War geborgen bei dir,
hörte auf zu denken und es gab nur ein „Wir."

Wenn das Herz ins Stolpern gerät,
ist es vielleicht schon zu spät.
Wollte dich als Lebenspartner,
bekam dich nur als Seelenpartner.

Die Sonne blendete und ich dachte, ich bin frei mit dir,
doch dir wuchs alles über den Kopf.
Überfordert mit Schichtarbeit und unserem Wir.
Dachtest, vielleicht finde ich auch einen anderen
Deckel für meinen Topf.

Ich kämpfte für uns,
ohne zu merken, dass du auch einfach mal zocken
wolltest mit den Jungs.
Nahm deine Hand und tanzte mit dir durch die dunklen
Straßen,
kamen an dem Ort vorbei, an denen wir knutschend
mal saßen.

Wenn das Herz ins Stolpern gerät,
ist es vielleicht schon zu spät.
Wollte dich als Lebenspartner,
bekam dich nur als Seelenpartner.

Dann kam der Tag, den ich nie vergesse,
an dem ich leiser wurde und mich setzte.
Las dein Leid in deiner Nachricht,
und bekam nur eins, Panik.
Unsere Liebe war so viel mehr,
und ich weiß, die Nachricht fiel dir schwer.

Tränen flossen aus mir,
sehnte mich nur nach dir.
Wollte dich nur noch etwas fragen,
und dich im gleichen Moment doch schlagen.
Wollte nur noch einen letzten Kuss,
doch du schriebst mir immer wieder, es ist doch
Schluss.

Wenn das Herz ins Stolpern gerät,
ist es vielleicht schon zu spät.
Wollte dich als Lebenspartner,
bekam dich nur als Seelenpartner.

Fünf Jahre dauerte es, bis die Tränen nicht mehr
schmerzten,
und ich lachen konnte ohne dich und an guten Tagen
auch mal scherzen.
Als ich es nicht erwartet habe, sah ich deinen Namen
auf meinem Handy,
und es war mehr als nur ein sorry.

Schreiben Tag und Nacht,
hatte dich wieder, der über mich wacht.
Die Vertrautheit war sofort wieder da,
und ich sagte zu einer Verabredung mit dir Ja.
Deine Schritte wurden lauter in meinen Ohren,
sagtest, du konntest mich lächeln hören.

Wenn das Herz ins Stolpern gerät,
ist es vielleicht schon zu spät.
Wollte dich als Lebenspartner,
bekam dich nur als Seelenpartner.

Es war vertraut so wie noch nie,
und ich wusste nicht mal, wie.
Jahre nicht gesehen,
Vertrautheit, als wäre nichts geschehen.
Du warst wieder da,
doch leider als alleinstehender Papa.

Kämpfte gegen die Tränen in mir,
wollte doch auch ein Kind mit dir.
Fühlte deinen Schmerz, dass du es mir nicht geben
kannst,
hatte unheimliche Angst.

Wenn das Herz ins Stolpern gerät,
ist es vielleicht schon zu spät.
Wollte dich als Lebenspartner,
bekam dich nur als Seelenpartner.

Ich trennte dieses Band zwischen uns beiden,
denn unsere zwei Leben wären ein einziges Leiden.
Leiden unter Erwartungen, die niemand erfüllen kann,
aber ich wusste, es gibt ein irgendwann.

Irgendwann heilten auch diese Wunden,
und ich zählte nicht Minuten oder Stunden.
Du hast dein Glück gefunden,
und wir sind trotzdem mehr als verbunden.
Verbunden mit unseren Seelen,
das kann uns Keiner stehlen.

Wenn das Herz ins Stolpern gerät,
ist es vielleicht schon zu spät.
Wollte dich als Lebenspartner,
bekam dich nur als Seelenpartner.

SCHREIBEN

Ich sitze an einem Sommerabend dort,
schaue die leere Seite an, denn die Wörter sind fort.
Will die Qual niederschreiben,
doch sie will lieber in meinem Körper bleiben.
Will Menschen Mut machen,
doch der Mut hat mich selbst verlassen.

Tippe hier ein Wort,
tippe da ein Wort.

Eine Geschichte wird es trotzdem nicht,
weil die Wörter nicht die richtigen sind.
Ich fühle Schmerz in mir,
von dem einst friedlichen Wir.
Sehe Schatten, alles riecht nach dir,
doch wir sind schon lange nicht mehr ein Wir.

Du gehst deinen Weg,
und ich überlege, wie lang ist der schmerzende Steg,
den ich hinter mich leg.
Möchte auch wieder wunderschön sein,
ein Mädchen, so wie ich damals dein.
Möchte Freiheit,
doch das Frei sein gibt mir keine Sicherheit.

Schwanke zwischen perfekt sein,
und ich selbst sein.
Bin nichts Halbes und nichts Ganzes,
bin ein Gemisch aus allem was Keiner versteht.
Stehe am Abgrund eines Randes,
doch bin die, die sich umdreht und geht.

Weiß nicht, wo ich hingehör,
verzweifel in einem wichtigen Verhör.
Alle wollen, dass ich Gefühle beschreibe,
doch so sehr ich mich anstrenge, ich kann sie nicht
beschreiben oder niederschreiben.

Tippe hier ein Wort,
tippe da ein Wort.

Doch trotzdem versteht mich keiner,
und ich werde immer kleiner.
Verstecke mich in einer Traumwelt,
da mich dort niemand aufhält.

TRÄNEN

Nach außen bin ich stark,
auch wenn ich früher die Tränen nicht verbarg.
Dann kam dieser eine Satz,
denk immer daran, Weinen ist schwach, mein Schatz.

Und so fließen die Tränen in mir,
bleib stark, damit ich mich nicht verlier.
Ertrinke innerlich,
weine ganz bitterlich.

Sehe, wie andere weinen und frage mich,
kennen sie den Satz denn nicht.
Denke, es ist normal,
dabei ist es falsch wieder einmal.

Und so fließen die Tränen in mir,
bleib stark, damit ich mich nicht verlier.
Ertrinke innerlich,
weine ganz bitterlich.

Tränen setzen mich unter Druck,
mache ich denn gerade einen guten Eindruck?
Kann doch nicht schwach sein vor allen,
lasse nicht meine Maske fallen.

Und so fließen die Tränen in mir,
bleib stark, damit ich mich nicht verlier.
Ertrinke innerlich,
weine ganz bitterlich.

Seine Tränen waren meine Drohung,
gehe ich fort, geht er mit.
Seine Worte waren meine Warnung,
die Hoffnung auf Tränen, das war´s damit.

Und so fließen die Tränen in mir,
bleib stark, damit ich mich nicht verlier.
Ertrinke innerlich,
weine ganz bitterlich.

Wieder runtergeschluckt,
mit Worten angespuckt.
Bist nichts wert ohne Gefühle,
da stehe ich in meiner Zwickmühle.

Und so fließen die Tränen in mir,
bleib stark, damit ich mich nicht verlier.
Ertrinke innerlich,
weine ganz bitterlich.

Darf ich sie zeigen oder nicht,
weine doch so stark, nur innerlich.
Sieht denn keiner meine Tränen,
oder braucht man es nur nicht erwähnen.

Und so fließen die Tränen in mir,
bleib stark, damit ich mich nicht verlier.
Ertrinke innerlich,
weine ganz bitterlich.

Nach 24 Jahren fühlt es sich fremd an,
zu weinen neben meinem Nebenmann.
Kann mich nicht dagegen wehren,
denn sie lassen sich nicht so einfach vermehren.

Und so fließen die Tränen in mir,
bleib stark, damit ich mich nicht verlier.
Ertrinke innerlich,
weine ganz bitterlich.

Darf auch schwach sein, hat man mir gesagt,
darf ich das, hab ich darauf gefragt.
Ja, darfst du, es ist stark,
doch das Gegenteil hallt in mir lautstark.

Und so fließen die Tränen in mir,
bleib stark, damit ich mich nicht verlier.
Ertrinke innerlich,
weine ganz bitterlich.

Ich versuche zu begreifen,
dass meine Tränen in mir reifen.
Lasse sie sobald los,
wenn ich es schaffe, widerstandslos.

Und so fließen die Tränen in mir,
bleib stark, damit ich mich nicht verlier.
Ertrinke innerlich,
weine ganz bitterlich.

Bei jeder Träne hoffe ich,
mein Gegenüber bestraft mich nicht.
Dass ich Gefühle zeige,
und nicht sagt, du bist feige.

Und so fließen die Tränen aus mir,
bleibe stark, damit ich mich nicht verlier.
Flute meine Umgebung,
und hoffe auf Vergebung.

TRAUMWELT

In dunklen Stunden ist der Traum mein Zufluchtsort,
dort bin ich frei und die Gedanken fort.
Am Tag sind die Gedanken so laut,
doch nachts zerfallen sie zu Staub.
Denn dann tauche ich in die Welt,
in der niemand Forderungen stellt.

Schlafe ein und schließe die Augen,
brauche nichts zu machen und nicht glauben.
Darf träumen, wovon ich will,
dabei steht die Welt für mich still.

Tauche in tiefe Sehnsüchte ein,
lasse niemanden in meinen Space hinein.
Bin frei und werde geliebt,
dabei bin ich nicht mal beliebt.
Darf lachen und weinen so wie ich mag,
egal wie viele Lasten ich auch trag.

Schlafe ein und schließe die Augen,
brauche nichts zu machen und nicht glauben.
Darf träumen, wovon ich will,
dabei steht die Welt für mich still.

In meine Traumwelt lasse ich niemanden herein,
egal wie laut die schrein.
Es ist mein Zufluchtsort, der nur mir gehört,
in dem mich niemand verurteilt oder stört.
Ich bin anders und das ist auch gut so,
denn Träume sind frei und da bin ich ganz schön froh.

Schlafe ein und schließe die Augen,
brauche nichts zu machen und nicht glauben.
Darf träumen, wovon ich will,
dabei steht die Welt für mich still.

Baue dir deine eigene Traumwelt,
in der niemand Forderungen an dich stellt.
Du wirst merken, es hilft dir,
genauso ist es auch bei mir.
Deine Gedanken sind dort frei,
und die Lasten sind nicht mehr so schwer wie Blei.

Schlafe ein und schließe die Augen,
brauchst nichts zu machen und nichts glauben.
Darf träumen, wovon ich will,
dabei steht die Welt für mich still.

ZEIT

Im hektischen Alltag oft keine Zeit,
da entsteht oft ein wirkliches Leid.
Man will so viel ausprobieren, doch kann es nicht,
und irgendwann sieht man kaum noch Licht.

Die Zeiger drehen sich schnell im Kreis,
keine Zeit zu haben ist als Erwachsener unser Preis.
Der Preis, den wir zahlen um zu leben,
und denken trotzdem, wir haben nicht alles gegeben.

Will malen, doch habe keine Zeit für mich,
will mir Zeit nehmen nur für dich.
Doch manchmal denke ich, die 24 Stunden reichen
nicht,
da verschwimmt mir durch die Tränen glatt die Sicht.

Die Zeiger drehen sich schnell im Kreis,
keine Zeit zu haben ist als Erwachsener unser Preis.
Der Preis, den wir zahlen um zu leben,
und denken trotzdem, wir haben nicht alles gegeben.

Früher hatte ich genug Zeit als Kind,
doch kein Geld, um sie richtig zu nutzen.
So rast die Zeit an uns vorbei geschwind,
da reicht die Zeit nicht mal zum Putzen.
Habe Träume aufgegeben, weil sie nicht in meinen
Lebensplan passen,
und fange an, mich dadurch zu hassen.

Die Zeiger drehen sich schnell im Kreis,
keine Zeit zu haben ist als Erwachsener unser Preis.
Der Preis den wir zahlen um zu leben,
und denken trotzdem wir haben nicht alles gegeben.

Die Zeit raubt uns unsere Energie,
dadurch gibt es in meinem Umfeld kaum noch
Harmonie.
Freunde sagen, sie haben nur Dienstag Zeit,
und du hast jeden Tag außer dienstags Zeit.
So enden Freundschaften schnell von allein,
und du verbringst die kostbare Zeit, die du hast,
daheim.
Die Zeiger drehen sich schnell im Kreis,
keine Zeit zu haben ist als Erwachsener unser Preis.
Der Preis, den wir zahlen, um zu leben,
und denken trotzdem, wir haben nicht alles gegeben.

Frustriert von den Zeigern auf der Uhr,
willst kämpfen und bleibst dabei stur.
Kämpfen für mehr Lebenszeit,
das ist die, die übrig bleibt.
Doch die Gesellschaft sagt, du bist faul,
und am liebsten würdest du schreien
"Halt dein Maul. "

Die Zeiger drehen sich schnell im Kreis,
keine Zeit zu haben ist als Erwachsener unser Preis.
Der Preis, den wir zahlen, um zu leben,
und denken trotzdem, wir haben nicht alles gegeben.

Und so müssen wir den Preis zahlen,
keine Zeit zu haben.
Denn wir wollen nicht faul sein, das ist klar,
die bittere Wahrheit wird nun wahr.
Warten auf die Rente, wo mehr Zeit bleibt,
wo dann Geldsorgen dich in die unendliche Arbeit
treiben.

GEBORGENHEIT

Warm und kuschelig ist es um dich herum,
das tut dir gut, deswegen kümmere dich darum.
Such einen Ort, an dem du dich fallen lassen kannst,
an dem du alle schlechten Gedanken verbannst.
Ein Ort, der dich fühlen lässt,
halte ihn dann ganz doll fest.

Geborgenheit ist keine Person,
sondern deine ganz eigene Version.

Berührungen tun gut,
manchmal entfachen sie auch Wut.
Doch leichte Berührungen von dir selbst,
machen Dinge mit dir, dass du fällst.
Fällst in eine Zufriedenheit,
mit unendlicher Gelassenheit.

Geborgenheit ist keine Person,
sondern deine ganz eigene Version.

Du wünscht dich an deinen Wohlfühlort,
und schiebst den ganzen Stress fort.
Lässt dich tragen von deinen Gedanken,

das Schöne ist, du brauchst dich nicht zu bedanken.
Geborgenheit ist keine Person,
sondern deine ganz eigene Version.

Geborgenheit entsteht durch Sicherheit,
wenn du es zulässt, ist es eine Besonderheit.
Zur Sicherheit gehört auch Schutz,
und nicht das Geld, welches ich benutz.
Denn Schutz entsteht durch Empathie,
manchmal auch durch Therapie.

Geborgenheit ist keine Person,
sondern deine ganz eigene Version.

REGENBOGEN

BRÜCKE

Dein letztes Wau war für mich das letzte "Ich liebe dich,"
und ich weiß, im Himmel geht´s dir gut.
Doch trotzdem vermiss ich dich,
unsere Verbindung war so viel mehr.
Jetzt ist deine Kuscheldecke leer,
das Kuscheln und Toben.
Deine verschiedenen Schlafpositionen,
all das werde ich nicht mehr erleben.
Doch dafür Kitty, Pelle, Lilly und alle Tierchen, die bei
mir lebten.

Im Himmel wirst du der Star,
denn dein Charme war ansteckend, das ist klar.
All die Wiesen und die Felder,
sind nichts gegen die im Himmel tollen Wälder.
Leise ist es nun geworden,
als deine geschlossenen Augen sagten du bist
gestorben.

Doch in unseren Herzen lebst du weiter,
und dein Bild auf meiner Haut wird mit jedem Stich
etwas breiter.

Vergessen gibt es nicht,
denn wir wissen, du rennst durch das Licht.
Durch das Licht in die Unendlichkeit,
raus aus der Vergangenheit.
Mein Hörstchen, du bist immer da,
auch wenn jetzt halt dem Himmel nah.

EINSAMKEIT

Wenn immer jemand da ist,
und du dann auf einmal allein bist.
Dann fällst du in die Einsamkeit,
es war einfach die falsche Zeit.
Gehalten und geborgen,
verlassen und betrogen.

Die Einsamkeit ist ein dunkler Ort,
an dem man untergeht dort.
Die Gedanken umklammern dich,
diese Einsamkeit vergisst du nicht.

Hast das Handy voller Nummern,
doch keiner ruft dich an, brauchst dich gar nicht zu
wundern.
Denn die Einsamkeit hat von dir Besitz genommen,
da ist auch keiner zu dir gekommen.
Viele Freunde nehmen Abstand von dir,
weil du nicht mehr du selbst bist, bei unserem wir.

Die Einsamkeit ist ein dunkler Ort,
an dem man untergeht dort.

Die Gedanken umklammern dich,
diese Einsamkeit vergisst du nicht.
Du bist innerlich leer,
schämst dich immer mehr.
Willst nur verstanden werden,
doch deine innere Welt liegt in Scherben.
Willst raus aus der Einsamkeit,
doch schaffst es nicht aus der Vergangenheit.

Die Einsamkeit ist ein dunkler Ort,
an dem man untergeht dort.
Die Gedanken umklammern dich,
diese Einsamkeit vergisst du nicht.

SEHNSUCHT

Wenn die guten Zeiten in dir hochkommen,
höre ich die leisen Stimmen.
Stimmen der Vernunft,
du weißt es hatte doch keine Zukunft.
Doch ich sehne mich nach deinen Berührungen,
es passiert wie von selbst auch mit den ganzen Bemü-
hungen.

Noch einmal deine Hand in meiner fühlen,
nur mit den alten, guten Gefühlen.
Die damals vertraute Zweisamkeit,
endete leider in kompletter Einsamkeit.

Nach Hause kommen und einen Weg voll Kerzen finden,
Neigungen, die uns verbinden.
Doch der Schmerz war mehr,
trotzdem war gehen sehr schwer.
Denn gute Zeiten gab es auch,
die ich auch heute manchmal noch brauch.

Noch einmal deine Hand in meiner fühlen,
nur mit den alten, guten Gefühlen.

Die damals vertraute Zweisamkeit,
endete leider in kompletter Einsamkeit.
Hast die verborgenen Seiten von mir akzeptiert,
und nicht negativ drauf reagiert.
Ich dachte, du wärst mein Mann,
doch unsere Liebe entrann uns, bevor sie richtig
begann.
Haben gekämpft für etwas, das keine Zukunft hatte,
Trennung stand da nicht zur Debatte.

Noch einmal deine Hand in meiner fühlen,
nur mit den alten, guten Gefühlen.
Die damals vertraute Zweisamkeit,
endete leider in kompletter Einsamkeit.

Dachte, du kämpfst wie ich,
dabei dachtest du nur an dich.
Triebe führten dich zu jemand anderem in unserem
Bett,
dabei nannte sie mich hässlich und fett.
Du glaubtest ihr mehr als mir,
doch trotzdem half ich dir.

Noch einmal deine Hand in meiner fühlen,
nur mit den alten, guten Gefühlen.
Die damals vertraute Zweisamkeit,
endete leider in kompletter Einsamkeit.

Half dir, ein besserer Mensch zu sein,
doch du akzeptiertest nicht mein Nein.
Nein zu jemandem, der dich mir klaute,
auf den Menschen, mit dem ich meine Zukunft baute.
Ich dachte, ich hätte versagt,
es sollte alles nicht so kommen, hast du gesagt.

Noch einmal deine Hand in meiner fühlen,
nur mit den alten, guten Gefühlen.
Die damals vertraute Zweisamkeit,
endete leider in kompletter Einsamkeit.

Von heut auf morgen nur noch Leere,
das war mir eine Lehre.
Niemals mehr so toxisch sein,
dieses Ziel war ganz allein mein.
Doch das Zusammensein, das fehlt mir sehr,
auch wenn ich dich nicht mehr begehr.

Noch einmal deine Hand in meiner fühlen,
nur mit den alten, guten Gefühlen.
Die damals vertraute Zweisamkeit,
endete leider in kompletter Einsamkeit.

VERLORENES SELBST

Stehe vor dem Spiegel und erkenne mich nicht,
durch meine Tränen verschwimmt die Sicht.
Die Sicht auf einen Menschen, den ich nicht mehr
kenne,
mit Gründen, die ich nicht benenne.
Sehe meine Augen, doch das Funkeln fehlt,
sehe das Monster, welches meine Seele quält.

Verlorenes Selbst auf der Suche nach sich,
doch finde mich einfach nicht.

Sehe den Mund, den er missbraucht hat,
fühle diese tonnenschwere Last.
Der Mund, der nicht ausspricht was du denkst,
weil der Verstand dich bremst.
Die Lippen, welche sich sehnen nach dir,
doch es gibt niemals ein wir.

Verlorenes Selbst auf der Suche nach sich,
doch finde mich einfach nicht.

Sehe Ohren die zu viel gehört haben,
böse Wörter in mir begraben.
Welche mehr böses als gutes hörten,
welche mich so störten.
Die Ohren welche für Freunde da sind,
damit ich die richtigen Worte find.
Ohren welche ich gerne tauschen würde,
denn sie sind nur eine Bürde.

Verlorenes Selbst auf der Suche nach sich,
doch finde mich einfach nicht.

FUNKTIONIEREN

Jeden Morgen stell ich mir die Frage,
muss ich funktionieren die Tage.
Oder vielleicht mal an mich denken,
mir mal etwas Schönes schenken.
Meistens ist die Antwort Nein,
auch wenn ich am Ende des Tages wein.

Ich kann, ich will, ich muss,
doch irgendwann ist auch bei mir mal Schluss.

Auf der Arbeit setze ich mir die Messlatte zu hoch,
auch wenn ich mich kaputt maloch.
Die Kraft fehlt oft perfekt zu sein,
das macht mich oft ganz klein.
Klein sitz ich nun da und denke nach,
ob perfekt sein mich brach.

Ich kann, ich will, ich muss,
doch irgendwann ist auch bei mir mal Schluss.

Die Familie besteht darauf dass du da bist,
und du bist die, die Alles in sich hinein frisst.
Du musst ja funktionieren, sagt die innerliche Stimme,
doch es klappt oft nicht, dass ist das Schlimme.
Funktionieren klappt gut mit Druck,
das geht gut, wenn man alles runterschluckt.

Ich kann, ich will, ich muss,
doch irgendwann ist auch bei mir mal Schluss.

Ich gehe über meine Grenzen,
höre auf zu glänzen.
Werde grau und leise,
auf meine ganz eigene Weise.
Aber ich muss funktionieren, damit keiner sieht wie
kaputt ich bin,
das nehme ich einfach so hin.

Ich kann, ich will, ich muss,
doch irgendwann ist auch bei mir mal Schluss.

Ist bei dir alles gut, fragen sie,
die Fassade bröckelt wie noch nie.
Es hört keiner wie ich schrie,
denn es war so leise wie noch nie.
Maske auf und rein ins Leben,
Tränen in mir, wie ein starker Regen.

Ich kann, ich will, ich muss,
doch irgendwann ist auch bei mir mal Schluss.

Andere Menschen sehen meine Seele,
sehen wie ich mich innerlich quäle.
Fragen wie es mir wirklich geht,
doch ist es dafür nicht zu spät?
Oder kann ich mich retten vor dem Funktionieren,
nicht dass irgend welche Menschen meinen Mut
ignorieren.

Ich höre auf zu funktionieren,
fange an zu ignorieren.
Die Stimmen in meinem Kopf werden lauter,
und es bröckelt an meiner Mauer.
Nun nehme ich mein Schicksal in die Hand,
und höre mehr auf meinen Verstand.
Ich mache nur noch das, was mir gut tut,
und hoffe, ich habe dann mehr Mut.

SCHATTEN

Da war dieser eine Mann,
dieser fasste mich an.
Ich sagte Nein, doch er hörte es nicht,
fühlte mich so erniedrigt.
Hasste meinen Körper ab da nur noch mehr,
Selbstliebe fiel mir dadurch schwer.

Mein Körper gehört nur mir,
und schon gar nicht dir.
Ich bin ich,
und ich verstell mich auch nicht.

Die Narben sitzen immer noch tief,
egal, ob es schlecht oder gut lief.
Du kannst mir nicht mehr weh tun hier,
denn ich bin wachsam und stark wie ein Stier.
Doch trotzdem bleibe ich aufmerksam,
und vertraue nur langsam.

Mein Körper gehört nur mir,
und schon gar nicht dir.
Ich bin ich,
und ich verstell mich auch nicht.

Ich hab mir vorgenommen, nicht mehr still zu sein,
blieb damals oft deswegen lieber daheim.
Es könnte sich ja wiederholen,
du hast mir echt meinen Selbstwert gestohlen.

Mein Körper gehört nur mir,
und schon gar nicht dir.
Ich bin ich,
und ich verstell mich auch nicht.

Versuchte, das Erlebte zu verdrängen,
mich an die guten Sachen zu hängen.
Ließ Nähe immer mehr zu,
denn sie waren ja nicht du.
Bekam Zuneigung ohne zu gehorchen,
so sollte es sein, das habe ich mir geschworen.

Mein Körper gehört nur mir,
und schon gar nicht dir.
Ich bin ich,
und ich verstell mich auch nicht.

Doch dann kam wieder ein Mann,
fasste mich wieder an.
Fühlte diese Macht wie damals,
dachte so etwas passiert dir nicht nochmal.
Nochmal genötigt, gefügig zu sein,
auch er überhörte mein Nein.

Mein Körper gehört nur mir,
und schon gar nicht dir.
Ich bin ich,
und ich verstell mich auch nicht.

Da war das Muster wieder komplett,
nur dieses Mal geschah es im Bett.
Lag hilflos da allein,
dachte du wärst bei mir daheim.
Schrie das Wort meiner Grenze,
keiner sah wie meine Augen glänzten.

Mein Körper gehört nur mir,
und schon gar nicht dir.
Ich bin ich,
und ich verstell mich auch nicht.

Nie wieder sagte ich zu ihm,
er nickte und wurde anders intim.
Dachte, es wäre normal, wie er das macht,
habe mich da irgendwie durchgebracht.
Sagte nein und warf ihn raus,
doch nach Wochen stand er wieder vor meinem Haus.

Mein Körper gehört nur mir,
und schon gar nicht dir.
Ich bin ich,
und ich verstell mich auch nicht.

Wieder eine Chance gegeben,
wollte endlich normal leben.
In Glück und Harmonie,
doch es raubte mir nur Energie.
Doch trotzdem zog ich mit ihm zusammen,
nochmal das Messer tiefer rammen.

Mein Körper gehört nur mir,
und schon gar nicht dir.
Ich bin ich,
und ich verstell mich auch nicht.

Ich flüchtete in eine andere Welt,
in der niemand Forderungen an mich stellt.
Hast gesagt, du akzeptierst das,
doch ich spürte diesen Hass.
Der Hass, dass ich nicht gefügig bin,
war eher in deinem Sinn.

Mein Körper gehört nur mir,
und schon gar nicht dir.
Ich bin ich,
und ich verstell mich auch nicht.

Flüchtete aus dem heraus,
zog in ein anderes Haus.
Hoffte zu vergessen,
doch ich war wie besessen.
Besessen von dem Schmerz, den du mir gabst,
obwohl du schon längst weg warst.

Mein Körper gehört nur mir,
und schon gar nicht dir.
Ich bin ich,
und ich verstell mich auch nicht.

Nun bin ich hier, ein Jahr später,
erfuhr, ihr wart wie Täter.
Bin ich ein Opfer oder doch nur dumm,
schwirrte mir im Kopf herum.
Ich soll lernen Nein zu sagen,
ohne jemanden zu fragen.

Finde meinen Raum noch nicht,
in dem alles gegen euch spricht.
Will weinen, doch ertrinke innerlich,
flehe um Hilfe ganz bitterlich.
Hier das bringt mich weiter,
und verjagt euch bösen Geister.

TALENT

Ich betrachte das Bild und stelle fest,
in der Schule wäre es bestimmt eine sechs.
Radiere so lange, bis es nur noch grau ist,
die Farbe fehlt, es ist so trist.
Ich versuche mit Farbe alles zu retten,
doch zu sehen sind nur noch Silhouetten.

Schreibe Texte in Minuten,
wo andere Herzen von bluten.
Für mich ist das nichts besonderes,
es gibt ja auch noch was Besseres.
Verkaufe mich unter Wert,
was meinen niedrigen Selbstwert erklärt.

Kann mein Talent nicht sehen,
denke, es ist nur ein Versehen.
So gut bekomme ich es eh nicht mehr hin,
andere sagen mir, wie talentiert ich bin.
Kann die Zweifel nicht vertreiben,
und die egoistischen Vorwürfe an mich bleiben.

Singe um mein Leben,
dass die Wände beben.
Nur um etwas zu fühlen,
mein Umgang mit Gefühlen.
In meinem Ohr schräg und schief,
für andere vielleicht bewegend tief.

Tanze in meinem eigenen Rhytmus allein,
manchmal auch nur auf einem Bein.
Dann sagen andere ich wäre inspierend,
doch dabei sind meine Gefühle deprimierend.
Drehe mich um meine Achse,
stell mir vor ich wachse.

Kann mein Talent nicht sehen,
denke es ist nur ein Versehen.
So gut bekomme ich es eh nicht mehr hin,
andere sagen mir wie talentiert ich bin.
Kann die Zweifel nicht vertreiben,
und die egoistischen Vorwürfe an mich bleiben.

Ich schaukel so hoch ich kann,
frage mich, wann ich endlich fliegen kann.
Werd ich erwachsen irgendwann,
oder ist es vorbei, bevor es begann.
Hab Talent unbeschwert zu sein,
sagten sie während sie sagen ich wäre ja noch klein.

Fühle die Höhen und Tiefen meines Gegenüber,
sie sagen, das wäre doch ein bisschen drüber.
Das ist nicht normal sage es lieber nicht laut,
sagte die Stimme in mir kleinlaut.
Es ist kein Talent sondern eine Strafe,
dann bin ich oft froh, dass ich schlafe.

Kann mein Talent nicht sehen,
denke, es ist nur ein Versehen.
So gut bekomme ich es eh nicht mehr hin,
andere sagen mir wie talentiert ich bin.
Kann die Zweifel nicht vertreiben,
und die egoistischen Vorwürfe an mich bleiben.

WURZELN

Als kleiner Samen wirst du gepflanzt,
um dich herum wird mit Wasser gespielt und getanzt.
Wächst höher, schneller, weiter,
deine Wurzeln werden immer breiter.
Bist kein Strauch, sondern ein Baum,
brauchst nun deinen eigenen Raum.
Egal bei welchem Wetter,
wachsen deine Blätter.

Deine Wurzeln geben dir Sicherheit,
und irgendwann bist du bereit.
Bereit deine Wurzeln zu erkennen,
und sie zu benennen.

Alle Jahreszeiten einmal durch,
stirbst ein paar kleine Tode zwischendurch.
Doch das Wachstum beginnt schon bald,
egal ob jung oder alt.
Die Krone dichtet sich mit jedem Tag,
immer dichter von Tag zu Tag.
Ob grün, gelb, rot oder braun,
dich kann man immer nur bestaunen.

Deine Wurzeln geben dir Sicherheit,
und irgendwann bist du bereit.
Bereit, deine Wurzeln zu erkennen,
und sie zu benennen.

NEUANFANG

Was wäre wenn du nochmal neu anfangen würdest,
nichts mehr da wäre, vor dem du dich fürchtest.

Ein Ort an dem die Wellen rauschen,
um den Klängen der Natur zu lauschen.
Ein Ort der Ruhe bedeutet,
An dem ein Stern nur für dich leuchtet.
Ein Ort wo die Menschen freundlich sind,
und ich endlich mein Glück find.

Was wäre, wenn du nochmal neu anfangen würdest,
nichts mehr da wäre, vor dem du dich fürchtest.

Wo es kein Leid gibt,
wie in einem perfekten Manuskript.
Wo die Vögel dir ein Liedchen singen,
und die Hunde dir die Zeitung bringen.
Wo ich keine Angst haben muss,
wo ich nicht mehr fahren muss mit dem Bus.

Was wäre, wenn du nochmal neu anfangen würdest,
nichts mehr da wäre, vor dem du dich fürchtest.

Nur mit Menschen, die du liebst,
für die du alles hergibst.
Nur mit Freunden, die dich schätzen,
ohne Nachbarn, die nur schwätzen.
Nur mit Liebe in der Luft,
mit einem wunderbaren Frühlingsduft.

Was wäre, wenn du nochmal neu anfangen würdest,
nichts mehr da wäre vor dem du dich fürchtest.

Mit Kollegen die wie Freunde sind,
du dich aufführen kannst wie ein Kind.
Mit Geborgenheit um dich herum,
in der niemand sagt, du bist dumm.
Mit Kerzenschein beim Abendbrot,
mit Sonnenuntergängen im Abendrot.

Was wäre, wenn du nochmal neu anfangen würdest,
nichts mehr da wäre, vor dem du dich fürchtest.

GLAUB MIR

Ich spreche von Schmerzen und Leid,
doch alles was ich höre ist, das braucht Zeit.
Ich spreche es wieder an,
höre nur, jetzt fängst du schon wieder an.

Glaub mir bitte nur einmal,
verletze mich nicht wieder mal.

Ich spreche davon, dass er mir weh tat,
was ich höre es ist dein eigenes Resultat.
Glaub mir bitte, ich war es nicht allein,
das kann doch keine gesunde Beziehung sein.

Glaub mir bitte nur einmal,
verletze mich nicht wieder mal.

Rede davon, dass mein ganzer Körper schmerzt,
dabei denkst du, es war ein Scherz.
Nein, ich lache nicht, sondern weine,
habe kein Gefühl in meinen Beinen.

Glaub mir bitte nur einmal,
verletze mich nicht wieder mal.

Schenkst Vertrauen, doch bekommst nur Lügen,
redest von Verrat und betrügen.
Glaub mir bitte, ich spüre das,
da ist doch was.

Glaub mir bitte nur einmal,
verletze mich nicht wieder mal.

Vertraust Ärzten deine Gesundheit an,
die sagen, da glauben sie eh nicht dran.
Glauben sie mir, ich lüge doch nicht,
ich sehe doch da keine Aussicht.

Glaub mir bitte nur einmal,
verletze mich nicht wieder mal.

FEHLER IM SYSTEM

Der Fehler liegt oft nicht an einer Person,
denn die Politiker haben oft ihre eigene Version.
Bist du anders, passt du nicht mehr rein,
gegen das Bild der perfekten Frau schreist du nein.
Ob Falten oder hängende Brüste,
all das ist natürlich und trotzdem gucke ich die Models
an, als ob ich es müsste.

Fehler im System,
kann ein normaler Mensch nicht verstehn.

Hast du zu viel schwarz an, bist du ein Grufti,
zu viel bunt an, bist du ein Hippie.
Jeden Tag landen wir in Schubladen, in die wir gar
nicht wollen,
und erfüllen unsere zugewiesenen Rollen.
Leben nach den Normen der Gesellschaft,
und alles, was frei ist, leben wir in unserer
Vorstellungskraft.

Fehler im System,
kann ein normaler Mensch nicht verstehn.

Geben hunderte Euros an andere Länder,
die Personalschlüssel in Deutschland werden immer
ernstzunehmender.
Kein Geld für die Kinder,
dass es nicht funktioniert, sieht sogar ein Blinder.
Wollen alle Bildung in die Kinder zwängen,
aber bloß schnell durch die Schule drängen.

Fehler im System,
kann ein normaler Mensch nicht verstehn.

Handwerker sind heute Mangelware,
kein Wunder bei diesem Minieinkommen gerade.
Keiner will mehr arbeiten heutzutage,
wo ist da der Fehler ist die Frage.
Inflation macht alles nur noch teurer,
bezahlt von unserer hart erarbeiteten Steuer.

Fehler im System,
kann ein normaler Mensch nicht verstehn.

Die Zuhause bleiben, haben mehr Geld als die, die jeden
Morgen arbeiten gehen,
da fragt man sich nur, will man dafür überhaupt noch
aufstehen?
Dabei ist die Arbeit doch so wichtig,
ein strukturiertes Leben, das ist richtig.

Doch wenn man sieht, dass sich viele die Gesundheit
kaputt machen,
wegen Leuten, die die ganze Nacht durch machen.

Fehler im System,
kann ein normaler Mensch nicht verstehn.

LIEBESBRIEF AN
MEINEN KOPF

Lieber Kopf, du warst immer klar,
hast mir in schlechten Zeiten geholfen, das ist wahr.
Gabst mir Sicherheit in unsicheren Zeiten,
zeigtest mir die guten und die schlechten Seiten.

Engelchen und Teufelchen in mir drin,
von den Haaren bis zum Kinn.

Du hast mir Schutzschilder gebaut,
die habe ich in schlechten Zeiten auch gebraucht.
Du warst da als alle mich verließen,
sagtest ich soll damit abschließen.

Engelchen und Teufelchen in mir drin,
von den Haaren bis zum Kinn.

Hast dir Sachen gemerkt, die du gar nicht brauchst,
auch wenn du dabei rauchst.
Formeln, Analysen und auch Bildungsbereiche,
ist doch alles irgendwie das Gleiche.

Engelchen und Teufelchen in mir drin,
von den Haaren bis zum Kinn.

Du hast Strategien entwickelt zum Überleben,
das muss man sich erstmal überlegen.
Viel Verstand auf so wenig Raum,
auch auf Höchstleistung im Traum.

Engelchen und Teufelchen in mir drin,
von den Haaren bis zum Kinn.

Hast nie mal eine Pause,
fühlst dich trotzdem bei mir Zuhause.
Immer zur Stelle Tag und Nacht,
bist der, welcher mit Adleraugen über mich wacht.

Engelchen und Teufelchen in mir drin,
von den Haaren bis zum Kinn.

Verarbeitest Dinge in Sekunden,
formulierst Anträge in wenigen Stunden.
Mein Anwalt und mein Richter,
mein Autor und mein Dichter.

Lieber Kopf, ich bin froh dass ich dich hab,
sonst ginge es mit mir nur bergab.
Du bist ein wichtiger Teil von mir,
zusammen sind wir ein Wir.

DER AUSLÖSER

Sprichst du über schlechte Sachen,
kann es sein, dass andere nicht drüber lachen.
Es kann Dinge auslösen, die du nicht erwartest in dir,
und fragst dich, warum passiert das mir?
Es können normale Dinge wie Kinder sein,
was Menschen triggert, die nachts denken, ihre Kinder
schreien.

Der Auslöser kann vieles sein,
also bedenke deine Worte allein.

Sprichst über Traumata, die du erlebtest,
gibst zu, dass du ab da jeden Abend betest.
Betest zu vergessen,
und beginnst aus Frust zu essen.
In der Nacht kommen die bösen Geister,
die Gedanken werden immer dreister.

Der Auslöser kann vieles sein,
also bedenke deine Worte allein.

Auch Menschen können dich erinnern,
und bewegen dich tief im Innern.
Schreist und scheuchst die bösen Geister weg,
denn du weißt, das Leben ist ein langer Weg.
Versuchst dich abzulenken,
dem schlechten keine Aufmerksamkeit zu schenken.

Der Auslöser kann vieles sein,
also bedenke deine Worte allein.

GEFANGEN IM
UNGLÜCKLICH
SEIN

Deine Stimmung zieht dich runter,
dabei solltest du doch nur eins sein, nämlich munter.
Gefangen in einem Käfig voller Erwartungen,
gesteuert von Bedrohungen.
Verliere mich dabei selbst,
bin nicht mehr im hier und jetzt.

Gefangen im Unglück,
beschäftigt mit dem unglücklich sein.
Dabei ist meine Seele doch mein,
in diesem Gefühl gibt es kein zurück.

Boxe gegen die innere Wand,
dabei ist sie doch noch so unbekannt.
Will kämpfen doch die Kraft fehlt,
und man sich nur durch den Alltag quält.
Sieht wie alle glücklich sind,
während ich nicht den richtigen Weg find.

Gefangen im Unglück,
beschäftigt mit dem unglücklich sein.
Dabei ist meine Seele doch mein,
in diesem Gefühl gibt es kein zurück.

Eingeschlossen in seinem eigenen Kopf,
hinterher geschleift an meinem Zopf.
Blind vor Missgunst und vor Neid,
umgeben von so viel Leid.
Fühle das Leid der Anderen,
die meine Gefühle verzerren.

Gefangen im Unglück,
beschäftigt mit dem unglücklich sein.
Dabei ist meine Seele doch mein,
in diesem Gefühl gibt es kein zurück.

LIEBES BABY

Hey, ich weiß, du hast es nicht geschafft,
hast so gekämpft mit so viel Kraft.
Wolltest doch nur leben,
doch dass konnte unsere Mutter dir nicht geben.
Zum falschen Zeitpunkt warst du zu schnell,
doch die Lebenssituation war zu speziell.

Nun wurdest du abgesaugt,
wie Schleim, der nichts taugt.

Ein paar Jahre später war ich genauso schnell wie du,
unsere Eltern konnten es nicht noch mal und ließen
mich in Ruh.
Mama behandelte ihren Körper schlecht,
dabei wusste sie da noch nicht mal mein Geschlecht.
Ich kämpfte genauso hart wie du in ihr,
nach neun Monaten waren wir dann ein Wir.

Lange wusste ich nichts von dir,
lebte in einer Blase und wusste nicht, was ich bald
verlier.
Mama ging und ließ uns allein,
das trügte den äußeren Schein.
Dann fand ich diese eine Zahl,

und wusste, du hattest keine Wahl.
Baby, ich kämpfe um das Leben, was du nicht hattest,
mein Leben welches ich dir verdanke.
Du warst der Grund, warum ich leben durfte in dieser
Welt,
dieses Glück ist nicht zu kaufen mit Geld.

Denke oft an ein Geschwisterchen, welches ich nicht
hatte, es wäre anders als mit der Schwester die ich kannte.

Du und ich wären sehr gleich gewesen,
denn wir hatten das gleiche Wesen.
Ich stelle mir vor, wie du mich von oben beschützt,
mich in meinem Leben unterstützt.

Du und ich wären ein tolles Team,
hätten heute vielleicht einen eigenen Stream.
Ich versuche daher für uns Beide zu leben,
um dir in meinem Herzen einen Platz zu geben.
Ich liebe dich obwohl ich dich nie kennengelernt habe,
vielleicht ist das auch meine Gabe.

Baby ich kämpfe um das Leben was du nicht hattest,
mein Leben welches ich dir verdanke.
Du warst der Grund warum ich leben durfte in dieser
Welt,
dieses Glück ist nicht zu kaufen mit Geld.

WEGE

Wenn das Leben beginnt, stehen dir alle Wege offen,
doch die Eltern beginnen schon an zu hoffen.
Hoffen, dass ihr Kind den richtigen Weg findet,
so dass ihre Angst um dich ein wenig verschwindet.

Es gibt so viele unterschiedliche Wege,
so dass ich bei jedem gründlich überlege.

Der erste Weg an den ich mich erinnere, ist der Weg in
den Kindergarten,
ich konnte es kaum erwarten.
So viele tolle Kinder um mich herum,
doch es machte mich sehr schnell stumm.
Ich durfte nicht erzählen, von den Abenteuern, die ich
erlebte,
damit unser Name nicht beim Jugendamt klebte.

Es gibt so viele unterschiedliche Wege,
so dass ich bei jedem gründlich überlege.

Die Kindergartenzeit war aufregend und ich wollte so viel
lernen,
von hier bis zu den Sternen.
Dann kam endlich die Schule und ich sah eine neue
Chance, neue Abenteuer zu erleben,
doch kurze Zeit später gab es nur blankes Überleben.
Hass gegen mich, obwohl ich nur Freunde wollte,
über die ich nicht Zuhause erzählen sollte.

Es gibt so viele unterschiedliche Wege,
so dass ich bei jedem gründlich überlege.

Schule war ein Höllenerlebnis,
doch ich glaubte immer noch an ein gutes Ergebnis.
Stumm und voller Misstrauen ging ich in den neuen
Lebensabschnitt,
da fand ich Freunde, die nahmen mich mit.
Erlebte Mädelsabende, Streit, Gewalt und
Liebeskummer,
und wechselte danach meine Nummer.

Es gibt so viele unterschiedliche Wege,
so dass ich bei jedem gründlich überlege.

Versinke in den Seiten der Bücher,
und träumte von einem Leben außerhalb der
Schulbücher.
Neue Menschen in meinem Leben kennengelernt,
doch aus den alten Wunden dazugelernt.
Zeigte nur noch meine Mauer,
verlor mich damit auf Dauer.

Es gibt so viele unterschiedliche Wege,
so dass ich bei jedem gründlich überlege.

Hatte meinen Traumjob gefunden,
und habe mit mir einen Pakt gebunden.
Du erreichst alles was du möchtest in deinem Leben,
das ist das Ziel, nach dem ich die nächsten Jahre
strebe.

Es gibt so viele unterschiedliche Wege,
so dass ich bei jedem gründlich überlege.

Hätte so oft auf die schiefe Bahn geraten können,
doch das wollte ich den Menschen, die mir die Steine
in den Weg gelegt haben, nicht gönnen.
Wollte immer die Beste sein,
deswegen zeigte ich nur den fröhlichen Schein.
Doch so war ich nie echt,
dabei war es mein gutes Recht.

Es gibt so viele unterschiedliche Wege,
so dass ich bei jedem gründlich überlege.

Immer auf der Suche nach Liebe und Geborgenheit,
da ich es selten erlebt habe in meiner Vergangenheit.
Doch keiner wollte mein verletztes Ich,
das machte mich nur noch mehr unglücklich.
Also ließ ich es und fand mich selbst,
und lerne durch jede Frage die du mir stellst.

Es gibt so viele unterschiedliche Wege,
so dass ich bei jedem gründlich überlege.

Lernte jemanden kennen, der mich so wollte wie ich bin,
und plötzlich war ich eine Freundin.
Kämpfte jeden Tag um diesen Menschen,
dabei lebte ich mit einem Unmenschen.
Sah die Gefahr vor lauter Glück nicht,
das versperrte mir komplett die Sicht.

Es gibt so viele unterschiedliche Wege,
so dass ich bei jedem gründlich überlege.

Fing an die Fehler an mir zu suchen,
dachte, ich kann es mal mit Therapie versuchen.
Mit wenigen Worten fiel meine Mauer zu Staub und
Asche,
mit nur noch schlechten Gefühlen in der Tasche.
Traumata wurden angesprochen und offen gelegt,
und ich fand heraus, ich stand mir viel zu oft selbst im
Weg.

Es gibt so viele unterschiedliche Wege,
so dass ich bei jedem gründlich überlege.

Fing einen Neuanfang an, um mich nicht nochmal zu
verlieren,
doch ich konnte nur existieren.
Existieren mit Ablenkung durch die Arbeit,
dachte, das wäre die einzige Möglichkeit.
Doch schwups war sie weg,
und ich fand keinen Ausweg.

Es gibt so viele unterschiedliche Wege,
so dass ich bei jedem gründlich überlege.

Dann fand ich einen Ort,
von dem wollte ich auf einmal nicht mehr fort.
Geschützt und akzeptiert,
wo jeder deine Macken respektiert.
Fand dort meinen wichtigsten Weg,
mit dem ich mich auf das Glück zubeweg.

SCHWEIGEN

Ich schweige, weil ich zuhören muss,
hoffe mit den Schmerzen ist bald Schluss.
Ich schweige, damit ich nichts Falsches sage,
auch weil ich so viel Schmerz in mir trage.
Ich schweige, damit ich nicht verlassen werde,
und ich weiß, ich bin nicht die Einzige auf dieser Erde.
Ich schweige, damit ich alleine weinen kann,
und hoffe es ändert sich irgendwann.

Schon früh merkte ich, dass Worte verletzen,
und viele deswegen Stille schätzen.

Fühle den Schmerz von Ignoranz,
dabei bat ich nur um Toleranz.
Fühle die unausgesprochenen Worte,
und weiß, derjenige schweigt bis ich antworte.
Fühle den Stein auf meinem Herzen,
und schweige, wenn andere darüber scherzen.
Fühle die Worte, die nicht über meine Lippen kommen,
aber die Worte hätte sowieso keiner mitbekommen.

Schon früh merkte ich, dass Worte verletzen,
und viele deswegen Stille schätzen.

Stille im Raum,
ein gefühlter Albtraum.
Stille Kommunikation,
ist oft meist die einfachste Version.
Stille Schreie um mich herum,
ich höre sie, bin ja nicht dumm.
Stille erzwungen,
hunderte Traumata bezwungen.

Schon früh merkte ich, dass Worte verletzen,
und viele deswegen Stille schätzen.

AUF  ABENTEUERREISE

Ich mache mich auf den Weg,
ziehe mich an und laufe über den Steg.
Der Steg meines Lebens,
früher suchte ich ihn vergebens.
Nun habe ich ihn gefunden,
habe meine Selbstzweifel überwunden.

Ich gehe auf Abenteuerreise,
und das auf meine ganz eigene Weise.

Der erste Step Gemeinschaft finden,
wo meine guten Gedanken nicht verschwinden.
Gucke links und rechts herum,
denn ich bin ja nicht dumm.
Probiere wie von einem Buffet,
da wo meine Reise startet.

Ich gehe auf Abenteuerreise,
und das auf meine ganz eigene Weise.

Arbeite nur so lange wie ich muss,
mit der Heimarbeit ist mal Schluss.
Habe dann mehr Zeit für mich,
vielleicht finde ich auf dem Weg auch dich.
Zusammen sein ist eine Bereicherung,
mit einer wunderschönen Erinnerung.

Ich gehe auf Abenteuerreise,
und das auf meine ganz eigene Weise.

Reise in verschiedene Länder,
sehe unterschiedliche Gewänder.
Probiere alles an,
solange ich es noch kann.
Sehe fremde Kulturen,
auf den Wegen sehe ich verschiedene Spuren.

Ich gehe auf Abenteuerreise,
und das auf meine ganz eigene Weise.

Male Symbole auf die Wände,
suche Materialien an den vielen Ständen.
Lasse meine Signatur überall,
fotografiere jeden Wasserfall.
Kunst ist mehr als viele glauben,
und das kann man uns nicht rauben.

Ich gehe auf Abenteuerreise,
und das auf meine ganz eigene Weise.

Schreibe Dinge auf, die mich bewegen,
bei Sonnenschein und auch bei Regen.
Die Kraft der Worte ist unbeschreiblich,
und meine Worte auf Papier sind unsterblich.
Denn auch wenn ich irgendwann die Augen zu mache,
fliegen meine Worte durch die Bibliothek wie ein
wunderschöner Drache.

Ich gehe auf Abenteuerreise,
und das auf meine ganz eigene Weise.

DAS DUNKLE

LOCH

Du schaust aufs Handy und dir ist klar,
dass es nicht wie in der Klinik wird, ist doch klar.
Essen und Schlafen,
vielleicht ein bisschen die Katzen bespaßen.
Für mehr reicht die Energie wieder nicht aus,
dabei bin ich doch erst drei Tage raus.
Falle wieder in den alten Trott,
dieser Weg ist doch Schrott.

Meine Ananas ist trotzdem immer bei mir,
Linus, Mucki und ich sind doch ein Wir.
Warum reicht die Energie nicht für mehr,
das wünsche ich mir doch so sehr.

Denke über all die schönen Sachen nach,
die ich wieder machen könnte.
Doch ich liege die ganze Nacht wieder wach,
bis morgens der Wecker ertönte.
Amy, raff dich doch mal endlich auf,
es geht nun mal runter, aber auch wieder rauf.
Aber ich will keine Schmerzen haben,
da nützen mir auch nicht meine Gaben.

Meine Ananas ist trotzdem immer bei mir,
Linus, Mucki und ich sind doch ein Wir.
Warum reicht die Energie nicht für mehr,
das wünsche ich mir doch so sehr.

Im Job heißt es wieder in eine neue Einrichtung rein,
das wird bestimmt, du bist doch ein Sonnenschein.
Nein, ich will nicht wieder alles verlieren,
die Kraft geht doch schon drauf fürs Existieren.
Kannst dich umbewerben, wenn du willst,
machst ja sonst nichts außer chillst.
Aber mir tut es weh von dort zu gehen,
denn dort wusste ich wo ich steh.

Meine Ananas ist trotzdem immer bei mir,
Linus, Mucki und ich sind doch ein Wir.
Warum reicht die Energie nicht für mehr,
das wünsche ich mir doch so sehr.

MEMORIES

Ich denke oft an die Zeit mit dir,
Küsse im Dunklen, es gab nur ein Wir.
Spüre nachts oft deine Küsse auf meinen Lippen,
fotografierte Sonnenuntergänge an den Klippen.
Dein rotes Haar auf meiner Haut verteilt,
in innigen Umarmungen haben wir unser Leid geteilt.

Damals war ich ein Diamant, umhüllt von Stein,
du hast ihn weggemeißelt im abendlichen Schein.

Bauten Schneemänner im Dunklen,
dabei haben deine Augen ein wunderschönes Funkeln.
Trocknetest meine Tränen in den schlimmsten
Stunden,
heiltest meine tiefen Wunden.
Trafen uns abends zu einem letzten langen Kuss,
doch als du fort gingst, war damit Schluss.

Damals war ich ein Diamant umhüllt von Stein,
du hast ihn weggemeißelt im abendlichen Schein.

Lachten Abends über alle möglichen Dinge,
und da merkte ich, dass ich gerne Zeit mit dir
verbringe.
Berührten uns ganz still und heimlich,
denn es sollte keiner erfahren eigentlich.
Doch als ich ganz alleine war,
flog ich deswegen raus und dachte, es wäre nicht wahr.

Damals war ich ein Diamant umhüllt von Stein,
du hast ihn weggemeißelt im abendlichen Schein.

Sechs Wochen umgarnt von dir,
dann auf einmal getrennt von dir.
Ich rief in Not dich an,
mit gehen war ich nun dran.
Du düstest los, um mich zu holen,
und ich dachte, dafür würde ich es immer wiederholen.

Damals war ich ein Diamant umhüllt von Stein,
du hast ihn weggemeißelt im abendlichen Schein.

Nun bist du ein Teil meiner Erinnerung,
und ich auf dem Weg der Besserung.
Weiß durch dich, dass ich liebenswert bin,
und darauf arbeite ich wieder hin.
Denke mit nem Grinsen oft an dich,
und ich denke, dass du auch oft denkst an mich.

KAMPF

ZWISCHEN UNS

8000 Stunden mit dir zusammen,
hinterließen einige Schrammen.
Wachte morgens auf und wünschte mir,
du wärst heut nicht mehr hier.
Der Kampf um Zuneigung erschöpfte mich,
ich war nur noch unglücklich.

Der Kampf um die Vernunft,
sorgte für eine freie Zukunft.

Machte mir ständig nur Gedanken,
wann darf ich denn mal Kraft tanken.
Fühlte mich erschöpft vom Leben,
und du standest nur daneben.
Gib uns nicht auf, flehtest du mich an,
stimmte zu, in der Hoffnung ich sehe das Gute daran.

Der Kampf um die Vernunft,
sorgte für eine freie Zukunft.

Du siehst so glücklich aus, sagten alle,
dabei flog abends die Gürtelschnalle.
Überdeckte die Flecken mit Kleidung,
dabei war es nicht meine Entscheidung.
Es durfte ja keiner sehen,
sonst würde es nochmal geschehen.

Der Kampf um die Vernunft,
sorgte für eine freie Zukunft.

Tränen flossen aus deinen Augen,
ich würde als seine Frau nichts taugen.
Dabei war es doch so fröhlich am Anfang,
doch die Erpressung dauerte nicht lang.
Geh nicht, sonst bringe ich mich um,
da wurde ich sofort wieder stumm.

Der Kampf um die Vernunft,
sorgte für eine freie Zukunft.

DER ZUFLUCHTSORT

Wenn du deine Kraft verlierst,
kommst du an deinen Zufluchtsort, bevor du krepierst.
Da sind Menschen, die dich auffangen,
die dir Mut geben, nochmal neu anzufangen.
Du fühlst dich sicher an diesem Ort,
wünschtest, du müsstest nicht von dort fort.
Doch das Leben da draußen geht weiter,
und ich weiß ja, wohin ich kann, wenn ich im Leben
scheiter.

Da ist dieser Ort namens Psychatrie,
und ich mag diesen Ort irgendwie.
Für mich ein Ort der Heilung,
mit einer klaren Rollenverteilung.
Ein Ort wo es in Ordnung ist zu fallen,
wo es okay ist, sich an ein Skill zu krallen.
Ein Ort, wo Gleichgesinnte sind,
an dem ich etwas Ruhe find.

Nun fliege ich fort,
von diesem sicheren Ort.
Mit im Gepäck,
ein Ort, an dem ich meine Sorgen nicht versteck.

Da sind die Menschen von draußen,
kennen die Psychiatrie nicht mal von außen.
Wissen nicht, dass dort schöne Seelen sind,
und sind für die guten Sachen dort völlig blind.
Kennen den Ort nur aus dem Fernsehen,
und wissen nicht, dass sich Menschen nach diesem Ort
sehnen.

Die Menschen von außen laufen durch die Straßen,
sehen nicht unser Gepäck auf dem wir saßen.
Sehen unsere lächelnden Gesichter von Weiten,
denken in unserem Leben gab es nur schöne Zeiten.
Doch in uns kann keiner sehen,
drum bleiben wir im Leben manchmal stehen.
Kennen unsere Richtung nicht,
denn die Menschen versperren uns auch mal die Sicht.

Nun fliege ich fort,
von diesem sicheren Ort.
Mit im Gepäck,
ein Ort an dem ich meine Sorgen nicht versteck.

Wir müssen an uns glauben,
und an unseren Problemen schrauben.
Hilfe auch mal annehmen,
und uns nicht direkt übernehmen.
Für uns selbst sorgen, ist nun wichtig,
nicht nur geben und auch nehmen, das ist richtig.
Unsere Talente anerkennen zu können,
aber auch den Mitmenschen ihre Talente gönnen.

Uns Auszeiten zu nehmen,
von den anderen mit ihren Problemen.
Sich zu fragen, mache ich es gerne,
oder bin ich mit meinen Gedanken in der Ferne.
Sagt einer, dass du irgendetwas musst,
dann ist dieser Mensch auch kein Verlust.
Hör auf deine innere Stimme,
denn nichts zu machen, ist das Schlimme.

Nun fliege ich fort,
von diesem sicheren Ort.
Mit im Gepäck,
ein Ort an dem ich meine Sorgen nicht versteck.

MONSTER

Ich schließe die Augen,
und hoffe nicht, dass die Monster meine schönen
Träume rauben.
Die letzen Nächte liegen noch schwer in mir,
doch trotzdem liege ich nun wieder hier.
Hoffe dass die Nacht erträglich wird,
und das Monster durch die Gegend irrt.

Der Tag neigt sich dem Ende,
und die Monster erwachen und entzünden Brände.
Brände in meinen Gedanken,
und ich hoffe, ich weise sie heute in die Schranken.
Ich schicke sie nun endlich fort,
an einen anderen Ort.

Die Monster wehren sich dagegen,
und lächeln ganz verwegen.

Schatten ziehen hinter meinen Augen ihre Bahnen,
das sind die Zeichen, die mich warnen.
Sind die Monster schon in meinen Gedanken?
Oder gerät meine Welt gerade ins Wanken.
Mord und Totschlag in meinen Träumen,
das würde ich gerne versäumen.

Monster, die mich den Tag über begleiten,
dabei stehen wir auf verschiedenen Seiten.
Sehen wie unsere Lieben gehen,
und kann nur dabei stehen.
Neben dem ganzen Elend,
nicht real und auch nicht lebend.

In einer Welt gefangen voller Leid,
schenkt mir im Alltag Unsicherheit.

Unsicherheit mit Traum und Realität,
viele sagen, dass liegt an meiner Mentalität.
Doch warum sehe ich diese Monster immer und immer
wieder,
schließe erschöpft und kaputt meine Lider.
Ich muss es nun akzeptieren,
vielleicht können mich die Monster inspirieren.

Inspirieren in meiner Kreativität,
denn das ist meine geliebte Realität.
Zeichne sie mit fröhlichen Gesichtern,
mit vielen bunten Lichtern.
Es kommt auf den Blickwinkel an,
da wo alles mit den Monstern begann.

Lasse los von den bösen Geistern,
und lasse mich von den lieben Monstern begeistern.

MARIONETTE

Fäden ziehen mich in Richtungen, in die ich gar nicht
will,
bin mal laut und auch mal still.
Flehte den Spieler an, meine Fäden locker zu lassen,
beginne mich beim Flehen selbst zu hassen.
Ziehst mich hoch und auch mal runter,
dabei wird meine Welt auch nicht bunter.

Sehen die Anderen meine Fäden,
oder sehen sie nur meine Schäden.
Holz klackert über mir und keiner hört es,
ist es gefühlstechnisch oder doch etwas körperliches.
Spüre die Haken in meiner Haut,
auf die kein anderer baut.

Mal ins Hoch und mal ins Tief,
hörte die Geister die ich rief.
Ziehst mich an und schubst mich weg,
finde da keinen Ausweg.

Leitest mich in Richtungen mit viel Potential,
oder ist es nur ein komisches Ritual.
Stimmungen schwanken wie ein Schiff auf hoher See,
und ich überleg, ob ich lieber geh.
Gedanken kommen, dass dich jemand leitet,
oder dich ein dunkler Schatten begleitet.

Denke viel an dass, was aus uns geschehen mag,
doch ich weiß nicht, ob ich mich wag.
Wage einen Schritt nach dem anderen zu gehen,
nicht, dass die Fäden von mir weg wehen.
Wie es so schön heißt, wer nicht wagt der nicht
gewinnt,
sagte ich, als mir eine Träne aus den Augen rinnt.

Mal ins Hoch und mal ins Tief,
hörte die Geister die ich rief.
Ziehst mich an und schubst mich weg,
finde da keinen Ausweg.

Lieber Spieler lass mich frei,
du hörtest doch meinen Schrei.
Der Schrei nach der Freiheit, nach der ich mich sehnte,
oder ist es nur die Brücke, an die ich mich lehnte.
Geleitet von toxischen Beziehungen,
mit einem Herzen voller Erinnerungen.

Rollenerwartungen schränken meine Freiheit ein,
das trügt den äußerlichen Schein.
Von allen anderen eingeschränkt in meiner Freiheit,
keine Zeit mehr in meiner Freizeit.
Kopf voll mit tausend Dingen,
Gedanken an das umbringen.

Mal ins hoch und mal ins tief,
hörte die Geister die ich rief.
Ziehst mich an und schubst mich weg,
finde da keinen Ausweg.

Triggerwarnung

Seelengeflüster vom Kopf rein ins Herz behandelt Gedichte, welche ich in schweren Zeiten geschrieben habe. Die Gedichte handeln von Verarbeitungen verschiedener Themen: *Trauer, emotionale und körperliche Gewalt, verbale Gewalt, das Erlebnis einer Vergewaltigung, körperliche und seelische Schmerzen, Liebeskummer, Abtreibung, Albträume, Depressionen, Suizidale Gedanken und die daraus entstehenden Traumata.* Keine der folgenden Trigger beschreiben konkrete Handlungsabläufe, sondern eher die Gedanken, die aus solchen traumatischen Erlebnissen resultieren.

Wenn dich eines dieser Themen triggert, bitte ich dich diesen Gedichtsband nicht allein zu lesen. Auf der nächsten Seite findest du Hilfsangebote, welche du in Anspruch nehmen kannst, wenn du Ähnliches erlebt hast oder dich nicht gut fühlst.

Hilfsangebote

Wie in der Triggerwarnung erwähnt, findest du hier verschiedene Tipps und Hilfsangebote, an die du dich wenden kannst wenn es dir seelisch nicht gut geht.

Psychiatrische Notfallambulanz

Eine psychiatrische Notfallambulanz findest du in fast jedem Krankenhaus in Deutschland. Du kannst im Internet nach der Psychiatrischen Notfallambulanz in deiner Nähe suchen.

Sorgentelefon

Es gibt ebenfalls die Möglichkeit sich an ein Sorgentelefon zu wenden. Geht es um ein spezielles Thema wie zum Beispiel Gewalt an Frauen, gibt es auch noch andere Nummern. Das allgemeine Sorgentelefon in Deutschland findest du hier drunter. Die Nummern sind alle kostenlos und Anonym.

Außerdem gibt es noch die Nummer gegen Kummer für Kinder und Jugendliche, welche ebenfalls als Sorgentelefon dient.

Nummer gegen Kummer: 116111
Elternsorgentelefon: 08001110550

Danksagung

Ich weiß gar nicht so recht, bei welchen Personen ich anfangen soll. Ich möchte mich bei meinen drei besten Freundinnen bedanken, dass sie mich in jeder Lebenslage unterstützen und für mich da sind.

Außerdem möchte ich mich ganz herzlich bei meiner Mädelsgruppe bedanken. Gerade Andrea hat mich unheimlich motiviert die Gedichte hinaus in die Welt zu schicken. Aber auch Michaela hat mich bei meinem ersten Auftritt tatkräftig unterstützt und hatte immer ein offenes Ohr für meine Ideen und Hirngespinste.

Dann möchte ich mich noch für den Kurs zum kreativen Schreiben, welchen ich belegt habe, bedanken. Durch diesen Kurs habe ich die Freude am Schreiben wieder gefunden, aber auch gelernt, dass es so viele unterschiedliche Möglichkeiten gibt durch das Schreiben Dinge zu verarbeiten.

Außerdem bedanke ich mich bei allen Therapeut*innen, welche mich auf meinem Weg begleitet haben, mir geholfen haben, dass auch hinter den Wolken meines Lebens so viel Licht scheint.

Zu guter letzt möchte ich mich bei den beiden Testleserinnen bedanken, welche sich die Mühe gemacht haben, mir konstruktive Kritik zu geben.

Danke

Über die Autorin

Amy Amalia wurde 1999 in Nordrhein-Westfalen geboren. Ihre Leidenschaft zu Büchern fing schon früh an. Sie ist stolze Katzenmama von zwei Jungs und ist leider oft sehr perfektionistisch. Mit dem Debüt: Seelengeflüster – vom Kopf rein ins Herz erfüllte sie sich einen großen Traum, ihre Gedichte in die Welt zu schicken.